LA
COCHINCHINE FRANÇAISE

EN 1864

PAR

G. FRANCIS

PARIS

E. DENTU, LIBRAIRE-ÉDITEUR

PALAIS-ROYAL, GALERIE D'ORLÉANS, 13 ET 17

—

1864

PARIS. — Imprimerie PILLET FILS AÎNÉ, rue des Grands-Augustins, 5.

LA

COCHINCHINE FRANÇAISE

EN 1864

———✦———

L'étude de la Cochinchine française, au triple point de vue des habitants, de ses ressources, de son avenir, n'a jamais été faite d'une manière complète.

En France, on ne possède sur ce sujet que quelques articles de la presse périodique, plus anecdotiques que sérieux, plus intéressants qu'instructifs ; quelques ouvrages faits à la hâte pour les besoins d'une passagère actualité, remplis d'assertions inexactes et de lacunes regrettables ; quelques rapports ou quelques travaux faits à des points de vue trop locaux, trop restreints, souvent trop intéressés. Nulle part ne se trouvent des vues d'ensemble, un corps de données concordantes, une appréciation générale et élevée.

Les premières impressions sur la Cochinchine, un peu

enthousiastes, ont exagéré les facilités et les richesses qu'elle présentait à notre colonisation. On a dépeint sa population comme dénuée de tout patriotisme, on a exalté outre mesure sa faculté d'assimilation. Aussi, une réaction très-vive n'a-t-elle pas tardé à se produire aux premiers obstacles rencontrés, et une sorte de découragement a-t-il succédé aux premières espérances.

En essayant d'esquisser l'état actuel de la question, je voudrais éviter l'un et l'autre de ces extrêmes, et réduire à des proportions plus exactes les facilités comme les obstacles que la Cochinchine offre à notre colonisation. Exagérer les difficultés induit souvent en des résolutions fâcheuses ; les nier, c'est s'exposer à les rendre insurmontables ; vanter outre mesure certaines facultés d'assimilation, c'est, au lieu d'en profiter, risquer de les rendre inutiles.

Si j'abdique d'avance toute prétention de combler la lacune que j'ai signalée en commençant, j'espère au moins, en indiquant où gît le problème, en provoquer de plus heureuses solutions.

I

Je ne m'arrêterai pas à la question de race. Un des ouvrages auxquels je faisais allusion tout à l'heure fait des habitants de l'empire d'Annam le résultat du mélange de la race autochthone avec toutes les populations environnantes. Cette assertion, qui n'a d'ailleurs rien de compromettant en elle-même, n'aurait de sens qu'autant que l'on dirait quelle est cette race autochthone, à quelles époques, dans quelles proportions, sous quelles influences se sont opérés les différents mélanges. Ce ne sera que par un plus long séjour dans le pays, surtout par l'étude, aujourd'hui à peine ébauchée, des langues, de l'histoire et des races de l'Indo-Chine centrale, que l'on pourra arriver à résoudre ces questions, qui sont d'ailleurs purement spéculatives.

Je me contenterai donc de constater, en passant, la différence radicale de race qui existe entre les habitants de la Cochinchine et leurs nouveaux conquérants. Cette différence constitue une raison d'antagonisme, une cause de répulsion que l'on ne saurait nier. Il faut cependant l'apprécier à sa juste valeur.

Il y a, en Cochinchine comme dans tous les pays de civilisation chinoise, deux classes bien distinctes : les lettrés et le vulgaire. A la première appartient toute l'autorité, toute l'administration. Comme les lettrés chinois, dont ils ne sont guère qu'une copie plus ignorante, les lettrés annamites professent la plus haute estime pour leur propre science, le plus profond mépris pour tout ce qui n'est pas leur civilisation. En réalité, ce sont eux seuls que nous sommes venus déposséder en Cochinchine, et ils ne nous pardonneront jamais d'avoir fait cesser leur exploitation cupide des populations, d'être venus détruire leur influence, ravaler leur prestige, annihiler leur rôle. Trop préoccupés de leur puérile science pour comprendre notre supériorité, ils la sentent cependant instinctivement et ne nous en haïssent que davantage. Entre eux et nous la lutte est éternelle, et cet orgueil froissé, cette haine intéressée, s'élevant parfois chez eux à la hauteur d'un sentiment de patriotisme, leur fera accepter courageusement une guerre sans trêve comme sans espérance, braver une mort ignominieuse et fournir ces quelques traits d'héroïsme que nous devons admirer en les regrettant.

Cette fierté courageuse disparaît heureusement quand on descend dans la masse de la population. Mais là, si on ne rencontre qu'une résignation passive, résultat d'une longue habitude de souffrances, on se heurte encore à des difficultés morales assez sérieuses. Une civilisation aussi ancienne et aussi immobile, des traditions aussi enracinées, un état social aussi profondément ancré dans les mœurs, ne sauraient se transformer du jour au lendemain. Nos allures simples et faciles ne pourront de longtemps effacer de l'imagination des Annamites la terreur respectueuse et l'admiration servile que leur inspiraient leurs anciens gouvernants. Notre connaissance encore peu approfondie de leurs coutumes, ces premières difficultés que rencontre toujours une conquête quand elle veut faire succéder aux opérations militaires les opérations administratives, ont frappé vivement leur esprit; et leur défiance, habilement entretenue et exploitée, a fini par se transformer en une conviction absolue de notre incapacité à les gouverner.

Aussi, au point de vue matériel, toutes les réformes entreprises qui, dans l'esprit de leurs auteurs, devaient exciter l'admiration et la reconnaissance de la population, n'ont excité que son étonnement. Le bien-être touche peu sous le climat si facile des tropiques. Incapables de raisonner, impuissants à apprécier la portée réelle des travaux exécutés dans le pays, les Annamites ne peuvent songer qu'à les attribuer à un mobile d'exploitation, à un désir de créer une cause d'impôt de plus. Songer à les convaincre, par des chiffres, que loin d'avoir tiré quelque argent de leurs pays, nous y avons enfoui des sommes considérables, serait une perte de temps et de logique. Sous un autre point de vue, les Annamites peuvent encore moins comprendre la nature de nos tendances et les procédés de notre justice. Leur sens moral est trop obscurci, son niveau trop bas, pour qu'ils puissent apprécier de quelles vues plus élevées, plus larges découle notre manière de faire. Cela devait être chez un peuple où les idées de droit et de justice se confondaient, en toute circonstance, avec celles du fait accompli et de la force brutale, où la protection des lois, ce recours suprême du faible et de l'opprimé, n'existait que pour ceux qui pouvaient l'acheter. De là est résulté un esprit de ruse et de mensonge qui dispensait le juge de toute pudeur et enlevait au tribunal toute dignité. Aussi ne s'étonnera-t-on pas si des chocs sont résultés de la mise en présence de gens imbus de pareilles idées et des administrateurs français chargés de rendre la justice.

D'ailleurs, les idées de justice, absolues en elles-mêmes quand on s'élève au-dessus de toute sphère humaine, deviennent très-relatives quand on les applique à tel ou tel régime social. De chaque état de mœurs, de chaque civilisation particulière, découlent des obligations différentes. Aussi, pour bien apprécier la nature de certaines difficultés, la valeur de certaines répugnances, aurait-il fallu, en Cochinchine, se dépouiller de toute idée préconçue, de tout préjugé d'éducation, se rendre aussi indépendant que possible de tout point de vue européen. C'est peut-être ce qui n'a pas été essayé. On se fût alors sans doute moins choqué de certaines conséquences naturelles d'une civilisation abâtardie et, observateur moins partial, on se fût montré juge plus équitable.

Telles sont, je crois, les causes des défiances enracinées, des nombreux froissements qui se sont produits chez les populations annamites depuis notre occupation.

Telles qu'elles sont, ces difficultés sont-elles insurmontables? Offrent-elles rien qu'on n'ait pu prévoir à priori en comparant les civilisations et les races qui allaient se trouver en présence? Devons-nous renoncer à les vaincre et, pour quelques embarras d'administration, abandonner la tâche entreprise, et laisser retomber les Annamites sous le joug dégradant de leurs mandarins? Devons-nous accepter que sous notre domination ils continuent à végéter éternellement dans cet état d'enfance décrépite, négation de tout progrès, obstacle à tout développement matériel et, ne voulant descendre jusqu'à eux, devons-nous désespérer de les élever jusqu'à nous? On ne saurait hésiter à répondre.

Quelle est d'ailleurs la colonisation qui n'a rencontré des difficultés plus grandes? On le voit; il n'y a ici ni patriotisme ni fanatisme religieux qui soulèvent les masses et les jettent en aveugles contre les conquérants. Il n'y a qu'un instinct de répulsion craintive dont le raisonnement ne saurait triompher, il est vrai, mais dont la logique matérielle des faits viendra à bout dans un temps assez court.

Déjà, malgré quelques malheureuses mesures, malgré les bruits fâcheux qui ont contribué à entretenir les défiances des populations contre nous, on ne saurait nier que les Annamites ne commencent à revenir de quelques-unes de leurs préventions. Notre intégrité, notre esprit, ou mieux notre désir de justice, notre douceur, qui contrastent d'une manière si frappante avec la vénalité et la barbarie de leur administration précédente, ont fait impression sur eux. Leur sentiment pour nous n'est pas encore le respect, mais c'est déjà l'étonnement qui le précède.

Sachons donc attendre les résultats inévitables du contact des hommes et des choses. Introduisons lentement des réformes, qui, trop hâtives, indisposeraient contre nous des populations incapables d'en apprécier les bienfaits; ne heurtons pas de front certains préjugés; ménageons des susceptibilités légitimes. En faisant tendre tous nos efforts à relever chez ces peuples courbés depuis longtemps sous un énervant despotisme, un sentiment de dignité éteint, une fierté native disparue, en leur rendant la conscience de l'individualité, en réveillant chez eux le désir de l'initiative et du libre arbitre, en un mot, en les habituant à penser et à agir d'eux-mêmes, on ne tardera pas à voir céder leurs préjugés à une appréciation plus libre et plus impartiale des faits.

L'organisation communale, l'éligibilité des maires et des chefs de canton par ceux-là mêmes qu'ils seront chargés d'administrer, forment la base de la constitution sociale annamite. Cette base, que nous ne pouvions mieux faire que de conserver, reste aujourd'hui d'une force telle, que malgré la guerre, malgré les efforts de tout genre tentés par les autorités annamites des provinces voisines, l'émigration hors du territoire français n'a eu lieu que dans des proportions extrêmement restreintes. On peut trouver excessive la solidarité qui lie entre eux tous les membres d'une même commune, et désirer voir se développer un peu plus, au sein de ses unités collectives, l'idée de personnalités. Mais, en définitive, il y a là un puissant moyen d'action dont il faut entretenir avec soin les moindres rouages. Laissons la liberté la plus entière à l'élection, multiplions les rapports des maires avec l'autorité française, augmentons la mesure de leur influence, le cercle de leurs attributions, faisons-en les organes naturels de toutes les réclamations, les défenseurs nés de tous les intérêts locaux, et nous atténuerons les inconvénients que je signalais tout à l'heure, nous rendrons confiance aux populations, nous parviendrons à les rattacher invinciblement à notre système. Cette base de l'édifice ainsi soigneusement conservée et fortifiée, les Annamites accepteront, très-vite, de voir, au faîte, des administrateurs européens qui n'exercent aucune pression intéressée remplacer les mandarins avides qui spéculaient sur leurs fonctions et qui, par l'espèce de séquestre qu'ils faisaient peser sur la contrée, tarissaient les sources les plus fécondes de la fortune publique.

En même temps que ces relations nouées au cœur même du pays établiront des obligations et des liens que les Annamites ne pourraient plus songer à rompre sans danger, la venue du commerce européen, l'ouverture de débouchés centuplant la richesse générale, feront tomber les dernières préventions de ces peuples que les résultats matériels peuvent seuls parvenir à convaincre. Les travaux exécutés, les moyens de communication établis, les mesures prises pour améliorer l'hygiène publique, revêtiront alors à leurs yeux leur véritable caractère et leur paraîtront dignes d'admiration et de reconnaissance.

Dans ce travail de développement social, que j'ai montré devoir être en même temps une œuvre de régénération morale, la religion exercera aussi une influence efficace. Ici, je le répète encore, ce n'est pas le raisonnement qui peut trouver accès dans l'esprit des Annamites. Pour eux, le christianisme ne saurait être lumière, il ne peut être que sentiment; ses hautes spéculations métaphysiques, sa grandeur morale leur échappent, l'élévation des devoirs qu'il impose leur reste inaccessible. Il ne peut pénétrer chez eux que par son côté touchant, les attirer que par ses promesses et ses mystiques espérances, les séduire que par les consolations qu'il apporte à ces déshérités de la civilisation asiatique, par l'idée de charité surtout qu'il vient leur présenter comme la panacée de toutes leurs souffrances. Il est chez les Annamites certaines croyances douces et mélancoliques, telles que le culte de la vieillesse et l'adoration des ancêtres, dont le christianisme, qui comprend toutes les poésies et les contient toutes en les ennoblissant, peut merveilleusement s'emparer comme d'un point de contact et d'une transition facile pour les élever jusqu'à lui et les soumettre à sa bienfaisante influence.

Mais en matière religieuse comme en matière sociale, il est des susceptibilités et des défiances qu'il importe de ne pas éveiller. On doit se souvenir que le christianisme n'a pas de patrie, n'appartient à aucune nation, obéit indifféremment à tous les princes de la terre. Son action doit donc s'exercer en dehors de tout appui systématique, de toute pression gouvernementale. Le plus strict équilibre doit être maintenu entre nos sujets chrétiens et nos sujets bouddhistes. La religion y gagnera certainement en autorité et en respect, et son influence, son efficacité pour cette œuvre de régénération morale à laquelle elle est appelée en Cochinchine ne peuvent exister qu'à cette condition.

En indiquant la progression des idées et des faits qui, sous une administration intelligente et paternelle, doit se produire au sein des populations annamites, je n'ai pas voulu faire un tableau de fantaisie : j'ai simplement essayé de dépeindre les germes qui semblent s'en développer partout où ces populations ont été placées dans les conditions que j'ai indiquées. Trois ans à peine se sont écoulés depuis que nous avons définitivement pris possession des rives du Dongnaï, une année seulement nous sépare des derniers troubles, et cette année de tranquillité a suffi pour réparer une partie des maux de la guerre et assurer fortement notre domination ! Aujourd'hui, les impôts rentrent sans difficultés, nos ordres se transmettent facilement sur tous les points du pays et sont exécutés avec promptitude. Les exactions commises par des subalternes sévèrement réprimées, la reconnaissance de tous les droits de propriété, le maintien des coutumes, font croire à notre bienveillance et démentent les fables ridicules répandues à dessein par les fauteurs de l'insurrection. Ceux-ci, qui, il y a dix-huit mois, couraient le pays en toute sécurité, forts de la sympathie secrète de tous, trouvent difficilement aujourd'hui un asile sûr. Les nombreuses offrandes volontaires, les adhésions qu'ils trouvaient alors, ne s'obtiennent plus maintenant que de la crainte qu'inspirent leurs menaces de vengeance. Symptôme plus significatif encore, quelques-uns d'entre eux ont été livrés par les villages mêmes où ils s'étaient réfugiés.

Je me hâte d'ajouter que, malheureusement, il est loin d'en être partout ainsi. Dans les arrondissements plus éloignés du centre de la colonie et où l'insurrection a pu s'établir un instant d'une manière plus complète, les défiances et les difficultés que je signalais en commençant existent dans toute leur force. Les chefs rebelles ont conservé tout leur prestige de lettrés et de mandarins, et ne sont point encore descendus, comme ailleurs, au simple rang de pirates et d'assassins vulgaires. On comprend combien il importe que, là, une répression implacable vienne soustraire à leur influence des populations placées ainsi entre deux lois et deux autorités, et fasse définitivement pencher la balance du côté de l'une d'elles. Que les Annamites soient pleinement rassurés contre tout retour possible de l'ancien état de choses, qu'on les convainque par des preuves irrécusables de la stabilité de notre établissement parmi eux; et alors, s'inclinant devant le fait accompli avec la passivité naturelle à leur race, ils se rallieront franchement à nous, et tout mobile sérieux d'insurrection sera à tout jamais anéanti. Mais qu'on se les représente aujourd'hui, sous le coup d'affirmations réitérées de l'évacuation prochaine des trois provinces françaises, travaillés de deux côtés à la fois, à l'est et à l'ouest, par les mandarins des provinces annamites, enserrées pour ainsi dire dans un réseau fluvial ennemi, où chaque rencontre est un danger, et l'on s'expliquera sans peine pourquoi ils ne viennent à nous qu'en regardant en arrière, pourquoi ils ouvrent les mains et partagent leurs cœurs des deux côtés à la fois.

Cette situation géographique de nos trois provinces, source future de nombreux conflits avec la cour de Hué, si nous les conservons telles quelles, frappe beaucoup les Annamites eux-mêmes. « Si vous voulez que nous devenions Français, disent les plus intelligents d'entre eux, prenez encore Ving-long, Ha-Tien, An-Giang, fermez l'étroite frontière de Hué du côté de Bariah, et, délivrés de tout contact étranger, de toute excitation séditieuse, n'ayant plus à craindre ces menaces occultes qui assiégent aujourd'hui tous ceux qui se soumettent, nous serons à vous sans arrière-pensée. »

Telle est l'analyse rapide des obstacles que nous rencontrons en Cochinchine et des moyens qui s'offrent à nous pour les vaincre. Elle me semble prouver que, si nous le voulons, nous pourrons un jour nous appuyer ici sur des populations franchement ralliées au drapeau et à la civilisation de la France. Ne raisonnons pas avec cette impatience qui nous fait devancer l'époque où l'on peut espérer des résultats et qui veut recueillir avant d'avoir semé. Comparons à la conquête de la Cochinchine toute autre de même nature tentée par les nations les plus vantées pour leur génie colonial, et nous ne trouverons partout, au bout d'une période de trois ans, que confusion, révoltes, désorganisation complète, ruine momentanée.

II

Après avoir montré que la conquête définitive et la colonisation de la Cochinchine ne rencontraient, de la part de ses habitants, que des obstacles relativement légers, et aboutiraient, dans un laps de temps assez court, à un état de choses satisfaisant et durable, il importe d'étudier les conséquences qui peuvent en découler pour notre influence et notre commerce dans l'Asie orientale. En d'autres termes, pour justifier notre prise de possession, il faut mettre en balance les sacrifices qu'elle exige et les résultats qu'elle promet.

Je ne m'arrêterai pas à vanter la position de notre colonie et de son port principal, Saïgon, par rapport au bassin général des mers de Chine et à leur circulation commerciale. Tout a été dit à cet égard, et je crois que personne n'en conteste la merveilleuse commodité. Le jour où nous aurons doté Saïgon de bassins de radoub — et il est malheureux qu'on en soit encore à le désirer — ce sera le rendez-vous presque universellement choisi par les nombreux navires qui commercent entre la Chine et l'Inde. Placé à mi-distance de Singapour et de Hong-Kong, à soixante-douze heures postales de l'un et de l'autre de ces marchés, qu'il est appelé à dominer tôt ou tard, son immense avenir commercial ne saurait être douteux.

Notre nouvelle colonie, située sous un climat qui y développe toutes les richesses végétales des tropiques, est habitée par une population dense et laborieuse, éminemment productive quand elle est bien dirigée. La nature spéciale de son sol fait de la Cochinchine française le magasin inépuisable d'où tous les pays environnants tirent le riz, cette denrée alimentaire de première nécessité pour les races asiatiques. Outre la production de cette céréale, qui suffirait à elle seule pour donner une valeur immense à ce pays favorisé, il est encore d'autres précieuses ressources qui doivent dès aujourd'hui entrer en ligne de compte et dont quelques-unes sont appelées à un développement considérable. Je citerai le tabac, le coton, le sucre, la soie, l'indigo, les bois de construction, les salines, les plantes oléagineuses et tinctoriales, différentes épices ou aromates.

Le pays, coupé d'une foule de canaux naturels qui facilitent les communications et favorisent tous les échanges, se divise en zones parfaitement caractérisées, où chaque espèce de culture s'indique pour ainsi dire d'elle-même. Cette appropriation du sol en créant partout, pour les habitants, des aptitudes naturelles et des connaissances spéciales, aidera singulièrement à l'accroissement de ses richesses et à l'amélioration de ses produits. On n'a pas à craindre ici ces tâtonnements qui font perdre un temps précieux et des capitaux considérables; ni, je crois, ces obstacles inattendus contre lesquels, comme à Ceylan, par exemple, viennent échouer l'industrie la plus patiente et les plus laborieux efforts. Dans de pareilles conditions, ce que l'impulsion européenne peut faire naître de richesses au sein de nos trois provinces est incalculable. Des débouchés nombreux élevant le prix des produits du sol et promettant aux Annamites des bénéfices considérables, dont ils ne seront plus frustrés par l'entremise obligatoire du mandarin, un transport commode, des marchés immédiats et d'une réalisation facile décupleront l'activité intérieure du pays. En même temps, l'introduction de procédés de culture plus parfaits et plus rapides féconderont à l'infini les résultats de cette activité.

Mais j'ai hâte de quitter ces généralités pour préciser, à l'aide de chiffres, les ressources actuelles de la Cochinchine. Par ce qu'elles sont aujourd'hui, au milieu des circonstances que l'on connaît, on pourra préjuger de ce qu'elles pourront devenir dans des conditions plus normales.

L'étendue de terrain cultivée en riz dans les trois provinces que nous occupons est actuellement de 105,000 hectares. Cette quantité de rizières fournit, année très-moyenne, 210,000 tonneaux de riz cargo qui représentent une valeur locale d'environ 35,000,000 de francs. En faisant une part très-large à la quantité nécessaire pour la nourriture de la population, l'impôt et les semailles, notre colonie peut livrer facilement au commerce extérieur 100,000 tonneaux environ de sa récolte annuelle. Cette quantité tend à s'augmenter beaucoup par le retour à la culture des terrains abandonnés depuis la guerre, et dont la superficie dépasse 80,000 hectares, et par l'amélioration d'une certaine catégorie de rizières dont les procédés d'irrigation sont très-imparfaits et dont le rapport n'est que les 6/15 de celui des rizières placées dans les conditions ordinaires. La substitution de moyens mécaniques au

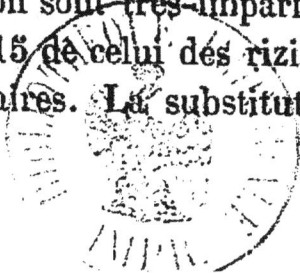

2.

mode actuel de récolter et de décortiquer le riz accroîtra également le rendement des terres dans une proportion très-notable.

L'extension de la culture du riz a été la seule encouragée par le gouvernement annamite, qui avait besoin de cette céréale pour les provinces du nord et du centre de l'empire, impuissantes à se suffire à elles-mêmes. L'exploitation de toutes les autres sources de richesse du pays n'a jamais dépassé ce qui était strictement nécessaire à la seule consommation locale. L'appât du lucre ne pouvait tenter le cultivateur ou l'industriel, auquel le mandarin reprenait d'une main ce qu'il recevait de l'autre. Aussi des branches fécondes de revenu sont-elles restées stériles, grâce à ce système d'isolement dont se précautionnent tous les gouvernements de l'extrême Asie. C'est ce qu'expliquera la modicité des chiffres qui vont suivre, par rapport à ceux déjà donnés. Tels qu'ils sont cependant, ils méritent une attention sérieuse.

Le tabac est cultivé en Cochinchine sur une étendue d'environ 4,000 hectares produisant près de 5,000 tonneaux de feuilles dont la valeur sur place est de 1,200,000 francs. Sa manipulation améliorée lui donnerait sans doute une valeur commerciale considérable, car il a été classé immédiatement après celui de Manille, parmi les tabacs du bassin des mers de Chine. Tel qu'il est, préparé très-imparfaitement, il est préféré par beaucoup d'Européens aux tabacs de France. En tous cas, il y a là une source d'approvisionnement qui n'est à dédaigner ni comme qualité, ni comme prix d'achat, pour nos manufactures impériales.

Le coton n'a environ dans nos trois provinces qu'un lot de 2,500 hectares ; sa culture, très-disséminée, donne des résultats difficiles à évaluer d'une manière précise. En indiquant 3,500 tonneaux comme chiffre de production, et trois millions pour la valeur du capital représenté par la récolte, je crois rester beaucoup au-dessous de la vérité. Le coton alimente un commerce de cabotage entre les provinces du nord et la Basse-Cochinchine, et certaines qualités se vendent à Canton vingt pour cent plus cher que le coton du Bengale. Sa production est susceptible d'un immense développement, et surtout d'une amélioration considérable.

La canne à sucre a environ la même superficie que le coton. Son rendement s'élève à 7,500 tonneaux de sucre, dont une partie s'exporte également dans le nord par jonques et barques de mer. Cette quantité représente une valeur de quatre millions.

L'opinion s'est préoccupée en France des ressources séricicoles de notre colonie. On peut dire qu'elles n'existent encore qu'à l'état de germe.

L'industrie des vers à soie, très-populaire en Cochinchine, s'exerce pour ainsi dire nulle part et partout. En aucun endroit on ne pourrait trouver réunis tous les éléments nécessaires à une grande exploitation. Celui qui cultive le mûrier n'élève pas les vers, et réciproquement. Chaque case annamite est souvent le siége d'une petite magnanerie dont la production atteint à peine quelques livres de soie. Les procédés du tissage sont primitifs. La couleur des cocons est jaune ; ils sont un peu grossiers et donnent environ chacun 0^{gr},4 de fil. La série des opérations qui constituent l'élevage du ver et la production des cocons et de la graine s'accomplit en une période de quarante-cinq à cinquante jours. Les œufs ne peuvent se garder que dix jours; ils éclosent au bout de ce temps. Les vers peuvent se reproduire toute l'année.

Les trois provinces cultivent 2,0.0 hectares de mûriers et donnent environ 6,000 kilogrammes de soie brute, valant 240,000 francs. Le nord de l'Annam importe une certaine quantité de soie à Saïgon.

A ces exploitations il faut en ajouter de moins importantes, telles que celle de l'indigo que l'on cultive dans la province de Bien-Hoa sur une superficie de 400 hectares; celle des salines dans le district de Ba-riah, qui occupe environ 500 hectares et produit 70,000 tonneaux de sel d'une valeur de 1,200,000 francs. Cette denrée est surtout utile comme moyen de commerce avec les populations nomades de l'intérieur et de la vallée du Mei-Kong, qui sont totalement dépourvues de cet indispensable condiment. Les légumes secs, le bétel, l'areck, beaucoup de bois de teinture, alimentent les transactions intérieures soit avec les provinces annamites de l'ouest, soit avec le Cambodje. Le poisson salé, qui avec le riz et le maïs constitue la base de l'alimentation de toute la population, les bois de construction, les matières animales, les cordages fabriqués avec le bambou et le cocotier, les sacs de riz, les aromates, le thé, qui est de qualité bien inférieure à celui de Chine, etc., etc., complètent la liste des objets d'échange entre les populations indigènes de cette partie de l'Indo-Chine.

Pour ne pas tomber dans d'arides détails, je résumerai

dans le tableau suivant les principales productions de nos trois provinces :

Denrées.	Terrains qu'elles occupent en hectares.	Quantités produites en kilogram.	Valeur locale en francs.	Observations.
Riz..................	105.000	210.000.000	35.000.000	La quantité en poids reprÉs. du riz cargo.
Tabac..............	4.000	5.000.000	1.200.000	Feuilles séchées.
Coton..............	2.500	3.500.000	3.000.000	Coton égrené.
Canne à sucre......	2.500	7.500.000	4.000.000	Cassonnade.
Mûriers............	2.000	6.000	240.000	Soie brute.
Salines............	500	70.000.000	1.200.000	Sel brut.
Indigo.............	400	500.000	200.000	
Bétel..............	200	3.000.000	1.200.000	Des feuilles fraîches.
Légumes, thé, pistache de terre.......	?	1.000.000	4 800.000	Cultures en jardin difficiles à estimer comme étendue.
Aréquiers.........	3.000.000 pds	»	3.000.000	Les fruits se vendent par grappes et non au poids.
Cordages..........	?	1.500.000	300.000	
Pêcheries.........	»	?	1.000.000	
Matières tinctoriales.	»	200.000	160.000	Bois de teintre, gambier, cochenille, etc.
Graines oléagineuses, huiles...........	»	800.000	200.000	
Matières animales...	»	1.000.000	500.000	Peaux, cornes, ivoire.
	117.000	304.006.000	56.000.000	

Je n'ai fait entrer dans ce tableau que les matières pouvant alimenter le commerce d'exportation. Les bois de construction n'ont pu y figurer, quoiqu'ils représentent une valeur très-considérable, leur exploitation ne s'étant pas encore établie sur des bases régulières. Je dirai seulement qu'en 1863, six navires ont été chargés de bois pour Shang-Haï, et que la variété comme la beauté des essences que possède le pays feront de la coupe de ses forêts l'une des plus riches branches du revenu public.

On voit qu'en ajoutant aux terrains en culture les 80,000 hectares qui retourneront dans un laps de temps quelconque à l'ensemencement du riz, on arrive à peu près à une étendue de 2,000 kilomètres carrés pour les terres mises en valeur. En ajoutant à ce chiffre 500 kilomètres carrés pour les cultures en jardin, dont la division excessive n'a pas permis de tenir compte dans le tableau précédent ; 2,000 kilomètres carrés pour l'espace occupé par les cours d'eau, les marais, les routes, les édifices, etc., on n'arrive encore qu'à un total de 4,500 kilomètres carrés. Or, la superficie de nos trois provinces s'élève à environ 8,000 kilomètres carrés. Il se trouve donc 3,500 kilomètres carrés en friches ou en forêts qu'il appartient à l'avenir de notre colonie de mettre en valeur. Ces terrains occupent principalement le nord des provinces de Gia-dinh et de Bien-hoa, c'est-à-dire la partie la plus belle et la plus pittoresque de la Cochinchine française. Le sol, plus élevé et moins facilement arrosable que celui de la partie méridionale, n'a pas permis d'y introduire la culture du riz, telle au moins que la pratiquent les Anna-mites, et nous avons vu qu'en dehors de cette culture toutes les autres richesses du pays étaient demeurées à l'état de germe, malgré ses merveilleuses facilités de production. Ce serait donc dans cette région septentrionale surtout, si fertile et si salubre, que l'exploitation du coton, du tabac, du sucre, du mûrier, pourra recevoir les immenses développements qu'elle attend encore aujourd'hui.

Qu'on ne dise pas que les bras manqueront pour cette besogne. La population actuelle de notre colonie s'élève, d'après les calculs les plus sérieux, à 1,100,000 habitants; son chiffre normal est d'environ 1,400,000, et si notre établissement se fonde d'une manière durable, si la paix est assurée d'une façon définitive, elle reviendra de nouveau à ce chiffre dans un temps très-prochain. On peut donc admettre en Cochinchine 160 habitants par kilomètre carré, chiffre supérieur à beaucoup de pays européens. Il faut remarquer, en outre, que les habitants sont tous ici adonnés aux travaux agricoles, et que les professions ouvrières, la population commerciale, appartiennent presque entièrement à l'émigration indienne ou chinoise.

Ainsi, non-seulement nous n'avons pas à craindre en Cochinchine le manque de bras, mais encore pourrons-nous en fournir, et en fournissons-nous déjà à notre colonie de Bourbon.

Je ferai observer également que tous les chiffres que j'ai donnés ne sont que des minima d'où non-seulement toute exagération, mais encore tout résultat un peu douteux, ont été soigneusement écartés. En se rappelant ce que j'ai dit de l'état d'avortement et d'imperfection où le régime annamite a laissé toutes les cultures, en tenant compte du terrain en rizières qui s'ajoutera prochainement à la production, on ne trouvera sans doute pas exagéré le chiffre de 200 millions pour la valeur annuelle des denrées que nos trois provinces, une fois cultivées, pourront faire entrer dans le courant de l'exportation.

Voyons maintenant quelle a été jusqu'aujourd'hui la mise en œuvre de ces ressources par le commerce européen. Je ne parlerai pas des premières années de la conquête, où des circonstances trop particulières influent sur les résultats obtenus et ne les rendent pas comparables entre eux ; par exemple, de l'année 1860, où la famine de l'Inde fait exporter 55,000 tonneaux de riz malgré le blocus de Saïgon par les Annamites et des droits exorbitants ; de 1861, où, en pleine guerre, la diminution des droits maintient à peu près le même mouvement commercial ; de 1862, où l'insurrection éclate au moment de la récolte et en anéantit la plus grande partie. Quoique 1863 se ressente encore beaucoup de cet état de choses, nous trouvons déjà un mouvement de 75,000 tonneaux pendant l'année. Les réclamations des populations obligent le gouverneur à défendre momentanément au mois de novembre l'exportation des riz. Mais une récolte ordinaire accomplie dans des circonstances paisibles semble faire rentrer le pays dans des conditions plus normales et plus régulières de commerce extérieur. On lève le 1er janvier la prohibition prononcée, et malgré les fâcheux effets qu'elle avait eus au dehors, voici quel est le mouvement maritime du 1er trimestre de 1864 :

Entrées dans le port de Saïgon, du 1er janvier au 1er avril : 26,063 tonneaux répartis entre 75 navires différents, montés par 2,105 hommes d'équipage ; 10,332 tonneaux sous pavillon français.

Sorties entre les mêmes dates : 24,898 tonneaux répartis entre 73 navires différents, montés par 1,611 hommes d'équipage ; 11,294 tonneaux sous pavillon français.

Le mouvement total se répartit sur 86 navires différents, jaugeant ensemble 29,000 tonneaux, dont 17 navires français et 5 vapeurs. Ceux-ci représentent un tonnage de 7,323 tonneaux.

A ces chiffres, il faut ajouter 7 à 8,000 tonneaux pour le cabotage très-actif que les barques de mer font le long de la côte depuis Haï-nan jusqu'à Saïgon. Elles nous apportent de la soie, de la chaux, du poisson salé, du mocman (pots d'eau de poisson salé), etc., et remportent du riz, du sucre, du coton, des paillottes, etc.

On arrive donc, pour le chiffre des exportations, à un total de 32,000 tonneaux ; il faut retrancher environ 6,000 tonneaux des 7,323 que représente la navigation à vapeur, et on obtiendra 26,000 tonneaux pour le chiffre réel des marchandises livrées par notre colonie au commerce extérieur.

Ce chiffre se décompose comme il suit [1] :

Denrées.	Tonnage.	Valeurs.
Riz......................	23,000 t.	3,700,000 fr.
Sucre.....................	1,000	640,000
Bois de construction............	300	60,000
Matières animales.............	100	50,000
Treck et bétel................	400	250,000
Sacs de riz et paillottes.........	700	50,000
Divers (indigo, poivre, cordes, bois de teinture, etc.)...............	500	250,000
Totaux............	26,000 t.	5,000,000 fr.

1. Je dois expliquer quelques anomalies que semblent présenter les chiffres que je donne : on peut trouver extraordinaire que 75 navires à l'entrée donnent 2,105 hommes d'équipage, tandis

Cet état de choses, qui semble constater une prospérité relative, n'est encore, cependant, que l'expression d'un état de souffrance très-réel. Les navires manquent en rivières, comme on pouvait le prévoir à la suite de la fermeture du port en novembre et décembre passés. Les riz s'accumulent à Saïgon et dans la ville chinoise de Cho-leen ; leur prix, d'abord de 12 fr. le pikul (unité d'environ 122 livres), s'est abaissé jusqu'à 9 ; les frets, au contraire, se sont élevés d'une manière fâcheuse.

Le 1ᵉʳ avril, le stock de Cho-leen, qui est le centre com-

que 73 à la sortie n'en ont que 1,611. Cette différence tient à ce que la mousson de N.-E. amène à Saïgon, dans cette période, un grand nombre de jonques chinoises dont l'équipage est en général le décuple de celui d'un navire européen de même tonnage. Le nombre de marins s'en accroît donc considérablement. Les 73 navires de la sortie, étant tous européens, présentent au contraire un nombre d'hommes beaucoup moindre.

Parmi les 5 vapeurs entrés dans le trimestre, 4 appartiennent au service des Messageries Impériales. Ils augmentent la part du pavillon français dans le mouvement commercial au delà de la vérité. Le tonnage réellement marchand de ce pavillon n'est guère que de 5,000 tonneaux à l'entrée et de 6,000 à la sortie.

Le total et sa répartition que je donne des exportations diffèrent en quelques points des chiffres officiels que donnera ou qu'a donnés le journal de la colonie. Cette différence, qui provient surtout de l'estimation du cabotage, tient à ce que l'on se base uniquement sur le mouvement et le transit par Saïgon pour établir les tableaux de statistique. Beaucoup de transactions intérieures échappent ainsi à l'observation. C'est par l'étude des différents stocks de l'intérieur, surtout de celui de la ville chinoise de Cho-leen, que je suis arrivé aux chiffres ci-dessus, et que je crois aussi approcher de la vérité autant que possible.

mercial le plus important de nos trois provinces, se trouvait être : en riz, de 20,000 tonneaux.

Légumes secs 1,000 «

Divers (surtout bois de teinture) 1,500 «

On attendait des arrivages considérables de coton du Cambodje et de la province de Bien-Hoa ; le riz continuait à s'accumuler par les convois qui parvenaient incessamment de l'intérieur, dans une proportion de 5 à 6,000 pikuls par jour, c'est-à-dire environ le chargement d'un navire ordinaire. On peut espérer que cette situation une fois connue fera affluer les bâtiments dans la rade de Saïgon. En préjugeant du mouvement général de l'année d'après le 1er trimestre, on reste par conséquent dans des limites très-modérées qui doivent approcher de la vérité autant qu'il est possible en de pareils calculs. On trouve, en effet, de cette façon une exportation de 104,000 tonneaux, dont 92,000 en riz. Or, nous avons vu qu'on pouvait évaluer à 100,000 tonneaux la quantité de cette denrée qu'une récolte pouvait livrer à l'extérieur. On peut donc espérer voir se réaliser en 1864 une augmentation de plus d'un tiers sur le mouvement maritime de l'année précédente.

La valeur du mouvement d'exportation atteindrait, d'après les mêmes calculs, vingt millions de francs.

Il est plus difficile d'évaluer les importations. Elles sont d'ailleurs d'une importance moins grande, s'il ne s'agit que d'estimer ce que j'appellerai la valeur intrinsèque de notre colonie. Leur développement exige, pour se faire, un temps relativement plus long, et Saïgon sera un marché de produits français pour toutes les mers de Chine, bien avant de le devenir pour notre colonie elle-même.

Aussi, pour apprécier l'influence de celle-ci sur le mouvement de l'industrie française, il faut tenir compte non-seulement du débouché nouveau qu'elle offre, mais encore de la nouvelle et féconde impulsion qu'elle a imprimée au commerce français à Singapour, à Hong-Kong et à Shang-Haï.

Il y a cinq ans on eût trouvé difficilement sur ces trois marchés des objets de provenance française ; aujourd'hui les articles de Paris, la mercerie, les denrées alimentaires françaises les inondent. Nos porcelaines et objets de gamelle se sont même presque entièrement substitués aux produits anglais de même nature.

En 1855, dernier semestre, le mouvement du port de Shang-Haï a été de 564 navires dont 249 anglais, 57 américains, 7 danois, 11 hollandais, 11 hambourgeois, 9 suédois, 3 péruviens, 2 brêmois, 6 espagnols, 5 portugais, 4 siamois. On voit que toutes les nations maritimes y étaient à peu près représentées, à l'exception de la France.

En 1863, il est entré dans ce même port 22 navires français.

On relèverait les mêmes résultats à Singapour et à Hong-Kong.

Enfin, si les importations à Saïgon ne s'élèvent qu'à environ 12 millions de francs pour 1863, dont 7 millions de marchandises françaises, les importations françaises dans toutes les mers de Chine ont été de vingt millions pendant la même année, et le commerce total, sous pavillon français, n'a pas représenté un mouvement inférieur à cent millions.

Comme dernier terme de comparaison, en ce qui concerne notre colonie, j'ajouterai que le commerce de l'empire d'Annam tout entier, importation et exportation comprises, avait été évalué, en 1841, année où il fut très-actif, à la somme de trois millions de francs.

Si j'ai bien apprécié les facilités que présentent les populations de la Cochinchine à une prompte et entière soumission, on peut espérer, dans un laps de temps très-court, voir l'occupation armée du pays se réduire à des proportions plus normales et le gouvernement militaire céder la place à une administration civile. Sans méconnaître tout ce que le premier a fait pour la conquête et l'organisation de la colonie, on ne peut nier qu'il ait l'inconvénient d'entretenir toujours une certaine inquiétude dans les esprits ; que les fréquents et inévitables changements qu'il amène dans la direction des affaires, nuisent à leur bonne conduite ; que, trop absolu dans sa manière de voir, il a souvent le tort de vouloir approprier le pays à ses idées, au lieu de modifier celles-ci suivant le pays.

Les opérations militaires en Cochinchine n'ont jamais exigé autre chose que de la décision et de la fermeté, et l'on a toujours vu sa population, peu guerrière, céder à une première démonstration[1]. Tâchons donc de profiter de cette pacification facile et prochaine qui abrége ici, pour nous, ces longs travaux de conquête qui ont tant nui

1. Je ne parle pas, bien entendu, de la conquête elle-même.

à l'Algérie, et faisons succéder le régime civil au régime militaire, dès l'établissement complet de notre autorité sur ces régions. Ce sera passer du transitoire au stable, du momentané au définitif, faire cesser toutes les hésitations du commerce et donner un nouvel essor aux entreprises européennes.

Malgré les systèmes chancelants qui se sont succédé tous les dix-huit mois en Cochinchine, malgré les mesures contradictoires, les résolutions prématurées, les entraves involontaires imposées à toutes les initiatives, notre colonie a une force de vitalité si grande que l'on peut dire d'elle ce que l'on disait de l'Italie : *Fara da se*. En l'espace de deux ans, deux cents [1] maisons européennes se sont élevées à Saïgon, qui renaît comme ville française, des ruines de la ville annamite; elles y constituent un capital de près de 4 millions, la valeur du terrain non comprise. Le commerce essaie de suppléer à l'insuffisance des travaux entrepris par l'État, en fondant une compagnie pour le creusage de bassins de radoub; un service postal à vapeur s'organise entre Singapour et Saïgon pour remplacer le courrier trop irrégulier et trop éventuel fait mensuellement par les navires de guerre, en sus du Courrier français des Messageries Impériales. Des industries mécaniques, des exploitations de bois se fondent. Quelques colons de Bourbon, frappés des facilités de transport que le pays présente et qui économiseraient ces nombreux mulets

1. Au 1er mars, 177 maisons couvertes en tuiles, 147 paillottes (dépendances, etc.). Au 1er mai, la première catégorie dépasse 200 de beaucoup.

et ces charrois qu'une exploitation de cannes est obligée d'entretenir à la Réunion, songent à fonder des sucreries. Des concessions pour la culture du tabac sont en marché. L'industrie de la soie est sérieusement à l'étude. Tout progresse, se développe au milieu de circonstances peu heureuses et de tiraillements fâcheux. Le nombre des Européens à Saïgon égale et dépasse même celui de Singapour, qui a près d'un demi-siècle d'existence. Ne sont-ce pas là des témoignages irrécusables des germes de richesse et de fécondité que la nature a déposés dans cette partie de l'Indo-Chine, et ne les voyons-nous pas fructifier plus rapidement qu'on n'eût pu s'y attendre ?

III

Tel est le présent de la Cochinchine française. — On voit qu'il contient déjà plus que des promesses, qu'il permet de prédire son avenir avec certitude. Qu'on n'oublie pas, je le répète, que nous sommes au lendemain de la conquête et que dans la vie d'un peuple les années sont à peine des heures.

Les ressources de notre colonie, les éléments qu'elle offre à un commerce considérable, sont déjà tels que de leur seul développement on peut espérer pour elle les destinées les plus prospères et les plus fécondes. Mais en dehors des richesses qui lui sont propres, il en est d'autres dont je n'ai pas encore parlé et que l'augmentation progressive de notre action sur ces contrées lointaines amènera tôt ou tard dans la sphère de notre activité : en effet, qu'on réfléchisse un instant à la position de Saïgon, qui est en communication fluviale avec tous les cours d'eau importants de l'Indo-Chine, et par suite le débouché naturel de tous les produits de cette immense région; qu'on interroge le parcours de ces fleuves gigantesques, qui descendent du plateau du Thibet en traversant l'une des parties les plus populeuses de la Chine; qu'on essaie de mesurer les richesses inconnues enfouies dans leurs vallées et les montagnes qui les enserrent. S'il faut en croire les récits des voyageurs, celles-ci contiendraient des populations actives et industrieuses en relations commerciales avec le Céleste-Empire. Ce qu'il y a de certain, c'est que la province chinoise du Yunnan envoie chaque année de nombreux travailleurs pour exploiter les mines d'ambre, de serpentine, de zinc, d'or et d'argent que recèle le cours supérieur du Cambodje. Les nombreuses tribus comprises sous l'appellation encore mal définie de Laos produisent, dit-on, des quantités considérables de coton, de riz et de soie qui s'exporteraient en Chine, en échange de produits manufacturés. Les qualités supérieures de laque, la cire à péla, la rhubarbe que la Chine vend si cher à l'Europe, auraient leur gisement dans cette région inexplorée, où les naturalistes sont fondés à supposer par analogie toutes les richesses végétales de la flore de l'Himalaya. Ainsi, l'arbre à gutta percha (Inosandra percha), l'arbre à encens (Poswellia surata), le styrax qui produit les huiles volatiles de styrax et de benjoin, l'anis, le panax-genseng, dont la racine est si recherchée par la médecine asiatique, toutes les essences précieuses de bois, etc., etc., doivent se trouver dans cette zone favorisée, où l'on signale d'ailleurs la plupart des branches de commerce qui résultent de ces productions.

Jusqu'ici les préoccupations de la guerre et de notre installation en Cochinchine n'ont pas permis l'étude géographique et statistique des pays inconnus qui l'environnent. A une très-faible distance de nos frontières actuelles du côté du nord cessent tous les renseignements, règne l'obscurité la plus grande. Il n'y a rien de chimérique à supposer que le jour où l'on aura pénétré ce chaos et créé des relations pacifiques avec ces riches régions, la route si commode et si sûre que crée le Cambodje entraînera vers notre établissement tous les produits qui dévient aujourd'hui vers la Chine. Un grand centre commercial exerce toujours une attraction infaillible, et les produits manufacturés européens se substitueront, avec avantage dans les échanges, à ceux du Céleste-Empire.

Ainsi se trouveraient résolues les questions que posait en 1850 un diplomate distingué en mission dans les mers de Chine [1] et qu'on ne relira peut-être pas sans intérêt : « Quel est aujourd'hui, écrivait-il, le sort des tribus dis- « persées sur les bords du Mei-Kong? Quel avenir est « réservé à ces peuples si longtemps opprimés et que le « contact des Européens peut seul initier aux bienfaits « de la civilisation et du commerce? Ce sont des questions, « ajoutait-il, dont la solution semble appartenir plus par- « ticulièrement à l'Angleterre, dont les établissements

---

1. Dubois de Jaucigny.

3.

« dans le Ténasserim et la péninsule malaise ne sauraient
« atteindre le développement et la prospérité auxquels ils
« sont appelés par la force des choses, sans que les grands
« fleuves qui arrosent l'Indo-Chine ne satisfassent enfin
« à la haute destination qui leur est assignée par la nature
« comme moyen de communication et de transport. »

Le Yang-tse-Kiang, cette immense artère qui traverse
la Chine dans sa plus grande dimension, sort du même
plateau montagneux que le Cambodje. Ces deux fleuves
coulent parallèlement à une très-faible distance l'un de
l'autre, et certaines relations supposent même qu'un canal
les unit. Il suffit de jeter les yeux sur une carte pour
juger de l'importance de cette route fluviale intérieure
qui parcourrait sans discontinuer, au travers du plus riche
empire du globe, une étendue de près de quinze cents
lieues.

On voit quelle serait la nature des recherches à faire
pour apprécier complétement la valeur de la position de
Saïgon comme tête de ligne d'un aussi prodigieux réseau
commercial, et le gouvernement ne tardera pas sans doute
à provoquer des études dans ce sens. Mais en dehors de
cette partie hypothétique de la question, il est des communications certaines qui viennent accroître l'importance de
Saïgon comme entrepôt des productions d'une certaine
région de l'Asie. Le golfe de Siam ne présente aucune
rade qui puisse rivaliser de position avec la sienne; en
dehors de la route des navires qui vont en Chine, les atter-
rages qu'il présente sont d'ailleurs plus difficiles et plus
dangereux. D'un autre côté, les canaux intérieurs donnent des facilités si grandes pour faire aboutir à Saïgon

tous les convois de marchandises, qu'il ne saurait y avoir d'hésitation, sur le point de chargement que choisira le commerce. Ainsi les riz, les cotons, les bois de mâture, l'ivoire du Cambodje, la cannelle des provinces centrales, les métaux précieux et la soie du nord viendront s'ajouter aux ressources locales de la basse Cochinchine et faire de notre colonie un puissant contre-poids à l'influence envahissante des Anglais du côté du Birman. Il nous suffira de peu d'habileté pour faire rentrer dans notre système et conquérir complétement à notre alliance le royaume de Siam et l'empire d'Ava. Par sa position, le Cambodje est déjà inévitablement placé sous notre protectorat et un traité ratifié en France vient d'en régler toutes les conditions. On peut prévoir déjà la marche rapide et pour ainsi dire fatale de notre pavillon dans cette riche presqu'île si heureusement placée entre la Chine et l'Inde. Je me hâte d'ajouter que cette marche doit toujours rester pacifique, à partir du moment où nos possessions en Annam auront atteint l'assiette la plus normale et la plus stable.

Si l'on examine un instant l'état actuel de cet immense empire chinois que menace une dissolution prochaine, on ne pourra s'empêcher d'être frappé de l'importance de l'événement qui mettra en demeure 400 millions d'hommes d'entrer enfin dans le courant général de l'humanité. En songeant aux immenses ressources et à l'industrie prodigieuse de ce peuple, on convient facilement que les éléments nouveaux qu'il introduira dans la circulation amèneront une révolution complète dans les conditions d'échange, de tarif et de travail auxquelles sont assujetties aujourd'hui les nations civilisées. Il est donc indispensable que la France suive d'un œil attentif les progrès et les péripéties de la lutte dont la Chine est le théâtre, afin d'en diriger la marche de la façon la plus avantageuse pour ses nouvelles possessions.

Cette crise momentanée exerce un contre-coup funeste sur les marchés européens de la Chine. Déjà Shang-Haï, après avoir pris un essor prodigieux, voit s'arrêter soudain son développement sous l'influence des événements politiques. Si l'empire chinois s'écroule, ses ruines couvriront de débris une immense étendue et obstrueront un instant les avenues de son commerce. Qui ne voit que Saïgon, seul port européen à l'abri de cette perturbation générale et jouissant d'une tranquillité profonde, est appelé à recueillir les épaves de ce grand naufrage et à s'accroître de tout ce que les autres auront perdu. En communication continentale avec la Chine, il en sera un instant le débouché presque unique, et son commerce atteindra sans doute des proportions que l'on ne peut mesurer à l'avance.

Enfin, aux extrêmes limites de ce monde asiatique, si longtemps rebelle à toute initiation européenne, se trouve encore un empire, le Japon, presque aussi riche, presque aussi important que celui de Chine. A son tour, il songe à ouvrir ses portes, jusqu'ici obstinément fermées, au commerce et à la civilisation de l'Occident, et une ambassade, dont les résultats seront cette fois définitifs, vient de se diriger vers l'Europe en touchant à Saïgon. Vivement frappés de l'importance d'une possession territoriale qui élève au premier rôle l'influence de la France dans ces parages, les membres de cette ambassade se sont

ressouvenus qu'à une époque très-reculée déjà, leur patrie avait eu conscience de l'avenir commercial de la Cochinchine et avait essayé d'y fonder des colonies. Aussi, beaucoup de personnes arguent-elles de l'impression produite, que des communications régulières et directes s'ouvriront un jour entre le Japon et la Cochinchine; ce serait encore bien le moyen le plus prompt et le plus lucratif d'introduire dans la consommation européenne les produits japonais, qui éviteraient ainsi la concurrence des marchés rivaux de Shang-Haï et Hong-Kong.

Ainsi, examinée au point de vue de l'économie générale de la région du globe qui nous occupe, la position admirable de notre colonie fera de son port le plus gigantesque peut-être de l'Asie.

A ce développement de Saïgon, devenu le point central du commerce de l'extrême Orient, ajoutons l'impulsion que donnera soudain au mouvement entre l'Europe et la Chine le percement de l'isthme de Suez; que l'on se représente Marseille devenue par cet accomplissement d'un projet grandiose le rendez-vous de tout le commerce de l'Orient, le point d'où tous les produits de l'Occident rayonneront vers les mers asiatiques. Cette ligne immense qui touche dans son parcours aux contrées les plus riches du monde, qui lie dans un même réseau postal Bombay et Melbourne, Calcutta et Manille, Batavia et Shang-Haï, se trouverait ainsi avoir pour pôles obligés deux ports français, Marseille et Saïgon; pour centre, une terre également française, au moins par le génie qui a su la féconder, l'isthme de Suez.

Ce jour-là, on peut l'affirmer hardiment, le pavillon

de la France, son industrie, son commerce auront acquis une suprématie irrésistible sur l'un des marchés les plus importants de l'univers, celui des mers de Chine; ce jour-là, notre patrie n'aura plus rien à envier aux nations maritimes les plus puissantes, aux commerces les plus prospères. Elle aura reconstruit en entier cet édifice de chimérique splendeur que Dupleix avait rêvé pour elle dans l'Orient et que la lâcheté du gouvernement de Louis XV laissa réaliser au profit d'une nation rivale.

Mais je m'arrête ici au milieu de ces rêves brillants dont l'échafaudage aujourd'hui semble près de s'écrouler. Les bruits fâcheux auxquels j'ai fait plusieurs fois allusion dans le cours de cette étude, ne sont pas sans un fondement réel. Un projet d'évacuation de nos trois provinces va être présenté à la cour de Hué, et le diplomate chargé de cette mission est déjà arrivé à Siam.

Je sais qu'en France l'opinion s'est prononcée contre les expéditions lointaines; mais fort peu éclairée en général sur ce qui se passe dans les pays d'outre-mer, elle ne saurait juger en connaissance de cause l'importance d'une position comme celle de la Cochinchine. Quelques orateurs, à la Chambre, fidèles à un programme politique tracé d'avance, la condamnent sans la discuter; ce qui est pis encore, quelques grandes feuilles la condamnent et la discutent sur des faits erronés et des appréciations partiales. C'est un de ces journaux, *la Patrie*[1], qui annonçait en 1861 que Hué était à 60 kilomètres de Saïgon

1. *Patrie* du 4 ou du 5 avril 1861.

et que la température de février en mai ne dépassait pas en Cochinchine 26° centigrades. S'il a continué depuis à recevoir des informations aussi exactes, on doit moins s'étonner de le voir soutenir la thèse de l'évacuation.

La Cochinchine a coûté beaucoup d'argent — je le sais. — Mais recouvrera-t-on les sommes perdues ? — Assurément, non. — En coûtera-t-elle encore — j'ose affirmer que si on le veut, notre colonie peut dès à présent marcher seule. Les recettes de 1863 ont été de 1 million 800,000 francs. Le budget de 1864, fixé à 3,012,719 fr., équilibre dès à présent les dépenses exclusivement locales. Et, chose rare dans un budget, toutes les prévisions de dépenses ont été exagérées, les prévisions de recettes amoindries. Il serait facile de le prouver, chapitre pour chapitre. Si aucune secousse ne vient interrompre le développement régulier du pays, on peut affirmer que les recettes de 1865 seront de 5 millions. Qu'on laisse donc à la colonie le temps d'être vue à l'œuvre avant de la juger définitivement. On a donné trente ans à l'Algérie avant de commencer à lui demander compte du sang et de l'or dépensés, ne donnera-t-on pas trois ans à la Cochinchine, que je n'hésite pas à comparer à notre possession africaine ? Comme valeur commerciale, elle la dépasse ; comme position, son influence, pour s'exercer sur un théâtre plus éloigné, en est-elle moins considérable ?

On peut répondre que si la Cochinchine solde aujourd'hui ses dépenses locales, elle n'en exige pas moins l'entretien onéreux de forces maritimes et militaires. — Mais refusera-t-on l'appui du pavillon à des intérêts français aussi importants ? N'a-t-on pas des stations navales pour protéger des développements commerciaux beaucoup moindres? N'est-il pas d'une saine politique d'avoir sous la main dans les mers de Chine, en prévision *des événements qui peuvent* y surgir, des forces qui puissent au moins rivaliser d'influence avec celles qu'y entretiennent les autres nations maritimes?

Il est un indice certain de la valeur et de l'avenir de notre possession cochinchinoise, c'est la façon dont elle est appréciée par l'Angleterre. Rien de plus clairvoyant que des rivaux pour juger une conquête. Aussi, peut-on lire dans chacun des organes de la Presse anglaise des mers de Chine, des diatribes sans fin sur l'occupation de Saïgon par la France et l'ambition sans frein de celle-ci. — Singulières plaintes en de pareilles bouches! Elles devraient, du moins, nous ouvrir les yeux.

Je ne parlerai pas de la pénible émotion que cette annonce d'évacuation a fait éprouver en Cochinchine à tous ceux qui, d'une conviction unanime et désintéressée, avaient pris confiance dans les destinées de la colonie. On regrettait moins tant de morts douloureuses, tant de pertes sensibles, en songeant qu'elles fécondaient l'avenir. Que d'amertume aujourd'hui dans cette pensée, que tout le sang répandu doit rester stérile!

Je sais qu'en politique on ne sent pas, on raisonne. Je vais donc essayer de combattre par des arguments cette évacuation funeste, et quoique les chiffres que j'ai donnés plus haut et que je défie de contester sérieusement en soient la meilleure réfutation, je vais examiner, dans ses détails, le projet qui va se débattre à la cour de Hué.

Il consiste en la rétrocession aux Annamites du pays

conquis. moins quelques points dont les deux principaux sont Saïgon et Mytho avec un certain territoire à l'entour. Une annuité de trois millions, le protectorat des six provinces, le droit absolu de circulation pour nos nationaux, l'obligation pour le commerce de se faire exclusivement aux deux points cités, sont, si je ne me trompe, les principales conditions de ce pas en arrière [1].

Quoique les diplomates se fassent, en général, beaucoup d'illusions, ils ne sauraient croire cependant d'une manière absolue à la valeur et à la sincérité d'un traité conclu avec une cour orientale. En éluder les clauses équivaut pour celle-ci à une victoire, et le parti pris, en signant, est d'arriver, à force de torturer la lettre, à une exécution parfaitement contraire à l'esprit. Ce sont là les seuls triomphes que les lettrés et les mandarins annamites puissent songer à remporter.

Et tout d'abord, le nouvel état de choses atteindra-t-il le but d'économie que l'on se propose ?

Je ne le crois pas. — Les frontières à garder seront trois ou quatre fois plus étendues que celles que nous aurions à défendre si nous étions maîtres des six provinces.

La dissémination des postes et leur isolement exigera un service de navires locaux tout aussi dispendieux. Les revenus de notre territoire ainsi réduit s'élèveront à peu près à la seule annuité, c'est-à-dire, seront moindres que

---

1. Je n'ai pas la prétention d'affirmer que ce soit là le sens littéral ou exact d'un traité jusqu'ici resté secret ; mais je crois être certain qu'à des nuances insignifiantes près, j'indique la portée et l'esprit de cet acte diplomatique.

les recettes actuelles. On aura économisé seulement les sommes affectées au commandement et à l'administration des populations indigènes, fixées à 721,594 francs, que la métropole ne paye même plus aujourd'hui !

Ainsi, nous ne gagnerons rien financièrement parlant, et nous perdrons beaucoup au point de vue commercial. L'erreur des auteurs du traité a sans doute été de croire que Saïgon, dans cette combinaison nouvelle, n'en reste-rait pas moins le marché général de la basse Cochinchine. C'était compter sans le caractère du peuple auquel on avait affaire. Rêver pour Saïgon un rôle analogue à celui de Hong-Kong serait se préparer de graves mécomptes. Ce qui est possible avec l'esprit si éminemment mercan-tile des Chinois, devient chimérique dans les pays anna-mites, où toute initiative commerciale est éteinte et où les transactions se monopolisent entre les mains d'adminis-trateurs cupides. D'ailleurs, ce qui pouvait se tenter, sans compromettre l'avenir, alors qu'on n'occupait que Saïgon, ne se peut plus aujourd'hui sans s'exposer aux plus fatales conséquences. A cette époque, nous avions le prestige écla-tant du début d'une conquête pour agir sur les popula-tions environnantes et attirer à nous leurs produits ; main-tenant nous n'aurions plus que l'influence amoindrie du conquérant qui se retire et qui subit la défiance et la haine des populations qu'il abandonne.

Qu'on se représente le système annamite réinauguré dans nos trois provinces, qu'on réfléchisse à l'intérêt qu'aura le gouvernement de Hué à éloigner de nous tout mouvement commercial et aux facilités qu'il trouvera pour arriver à ce résultat dans l'immobilité des popula-

tions, tremblant sous une réaction terrible, et l'on ne dou-
tera pas qu'enconragé par une première et immense con-
cession, il n'essaie d'obtenir l'évacuation complète en nous
décourageant par l'inutilité de nos tentatives de commerce,
par le vide profond qu'il saura faire autour de nous. Il
sera inutile d'invoquer le traité : l'habileté mandarine dé-
fiera toute preuve de violation directe. D'ailleurs, je le
répète, quel autre sentiment que celui de la répulsion
pourrons-nous inspirer à des populations ralliées à nous
sur la foi de promesses solennelles, le lendemain même
oubliées et trahies? Quel prestige pourrions-nous conserver à leurs yeux qui contrebalançât les menaces occultes
et les vengeances effectives de leurs gouvernants? Nous
dominerons à Saïgon et à Mytho sur un désert et les ca-
nons de nos blockaus, nous y aurons peut-être de magni-
fiques arsenaux militaires, mais de ports de commerce,
jamais, et il faudra faire venir de France le riz nécessaire
à notre consommation.

Je ne raisonne pas sur des hypothèses, mais bien malheureusement sur des faits. En 1860, pendant l'occupation restreinte de Saïgon, des quarante villages qui com-
posaient autrefois la ville, il en restait *un* seul formé
d'habitants catholiques. L'incertitude de notre domination
a toujours suffi pour la faire fuir aux Annamites. Pendant
que nous étions à Vink-Long, le commerce considérable
qui se faisait à 10 milles de la ville au marché de Jadée
s'est détourné par un autre bras du fleuve pour se porter à
Chaudoc, qui a depuis doublé d'importance.

Toujours et partout, le même système d'isolement em-
ployé à notre égard.

En admettant même qu'à force de persévérance, l'activité chinoise intermédiaire entre les Annamites et nous réussisse à établir un mouvement de denrées vers Saïgon, qu'on se rappelle les résultats du gouvernement stationnaire et séquestral des mandarins et ce chiffre de trois millions que j'ai donné plus haut comme représentant le total des importations et des exportations de tout l'empire d'Annam pendant l'année exceptionnelle de 1841. En outre, les nécessités du commerce nous conduiront fatalement à fermer les yeux sur mille empiétements des mandarins, à accepter toutes leurs exigences. Un arrivage de riz attendu nous laissera complétement à leur merci, et de concessions en concessions, nous descendrons inévitablement à ce rôle bas et honteux que les Anglais et les Portugais se sont résignés si longtemps à jouer vis-à-vis de la Chine, pour ne pas voir leur commerce avec elle souffrir d'interruption [1].

D'ailleurs, en considérant la question à un point de vue plus élevé, un pays comme la France, quand il pose le pied sur une terre étrangère et barbare, doit-il se proposer exclusivement pour but l'extension de son commerce et se contenter de ce mobile unique, l'appât du gain? — Cette nation généreuse dont l'opinion régit l'Europe civilisée et

1. Consulter à ce sujet la Question chinoise, *Revue des Deux-Mondes*, juin 1857, et le *Voyage en Chine*, de M. Jurien de la Gravière. Ils sont remplis du récit à peine croyable des humiliations subies par ces deux nations, jusqu'à ce que l'Angleterre se décidât à la fameuse guerre de 1840. On se rappelle d'ailleurs l'assassinat resté à peu près impuni du gouverneur Amaral à Macao, en 1848.

dont les idées ont conquis le monde, a reçu de la Providence une plus haute mission, celle de l'émancipation, de l'appel à la lumière et à la liberté des races et des peuples encore esclaves de l'ignorance et du despotisme. Éteindra-t-elle en ses mains le flambeau de la civilisation vis-à-vis de ces ténèbres profondes de l'Annam ? fermera-t-elle les yeux devant cette misère immense ? renoncera-t-elle à la plus belle partie de son œuvre ? et, subissant la fatalité de la position qu'elle se sera faite, au lieu de régénérer les populations, en arrivera-t-elle comme l'Angleterre à ne se servir de ses armes que pour les forcer à accepter l'empoisonnement de l'opium ?

On voit qu'ici notre dignité et notre intérêt sont d'accord et repoussent également toute idée d'amoindrissement de notre puissance dans l'Annam.

Non-seulement notre influence et notre prestige en Cochinchine seront à jamais anéantis après cette mesure, qui présagera aux populations une évacuation totale, mais encore subirons-nous auprès des cours voisines l'abaissement et l'humiliation qui résulteraient d'une bataille perdue ? Nous avons affaire à des races asiatiques qui ne comprennent que les manifestations de la force brutale et pour lesquelles les calculs de la diplomatie européenne sont d'inintelligibles subtilités. Pour n'en donner qu'une preuve, je citerai cette question du roi du Cambodje, qui, apprenant la reddition de Vink-Long aux Anamites, demanda quel était l'échec que nous avions éprouvé et qui avait pu nous décider à ce pas en arrière. Aussi voit-on déjà quelle atteinte au prestige de notre pavillon la nouvelle de l'évacuation portera dans toutes les cours de l'extrême Orient.

Il est possible que nous ayons pris les trois provinces dans un moment inopportun et fâcheux ; mais la plus grande faute, après celle-là, sera certainement de les abandonner.

Enfin, je suppose ce pas rétrograde effectué et la population annamite un instant soumise aux Français, un instant confiante en leurs promesses et en leur protection, rendue de nouveau à ses anciens maîtres. Croit-on, si l'on connaît les faits déjà accomplis, qu'elle ne subira pas un châtiment d'autant plus terrible qu'il ne sera plus dissimulé ? Peut-on se faire illusion sur les implacables vengeances qui seront exercées, non-seulement sur nos maires, nos matas, nos employés indigènes, mais encore sur les villages, sur les populations entières qui auront *paru* se soumettre trop facilement ou se montrer trop fidèles ?

S'en remet-on pour eux à l'illusoire garantie du traité ?

Aux menaces, aux agressions sourdes, aux assassinats qui atteindront tous ceux qui voudraient apporter un tonneau de marchandises à Saïgon, viendra donc encore se joindre tout un hideux cortége de dénonciations, de vengeances particulières, d'exécutions politiques, avec les confiscations, la misère, la terreur indicible qu'elles entraînent. Nous aurons livré ce pays, qui a déjà cruellement souffert, à *un désespoir pire que la mort* suivant l'expression annamite ; nous lui aurons fait une plaie qui ne se fermera jamais. — Et tout cela parce qu'il aura follement cru à une promesse de la France !

Comment verrons-nous couler ce sang qui retombera sur notre tête ? Trouvera-t-on un gouverneur français qui assistera, impassible, à ces exécutions ?

Pour ma part, je ne le crois pas.

Il viendra un moment où l'indignation débordera et brisera toutes les digues posées par la sagesse diplomatique.

On reconnaîtra la position dépendante et l'impasse sans issue où l'on se sera placé, et l'on reprendra sans doute tout ce qui aura été cédé. Mais déjà il sera trop tard : cette faute de l'évacuation est une de celles qui ne se réparent point. Les populations, si cruellement trompées une première fois, ne voudront pas s'exposer à l'être une seconde, et ce pays si fertile et si riche se dépeuplera de tous côtés devant nos pas. La confiance perdue une fois ne se retrouve jamais, et nous aurons beau alors être sincères, nous aurons donné le droit de suspecter nos paroles : elles ne pourront plus parvenir à convaincre.

Ainsi, après avoir, par une heureuse et féconde inspiration, pris une position admirable sur le continent asiatique, après avoir vu un instant le plus bel avenir colonial s'offrir à nous et un nouvel empire des Indes-Orientales s'élever à l'ombre de notre pavillon, nous allons tout sacrifier à une heure d'impatience, à une crise passagère, et il faudra nous résigner sans espoir de retour à voir l'influence et le commerce français dans les mers de Chine végéter dans le marasme d'autre fois.

Cette pensée est trop décourageante pour ne pas espérer que le gouvernement, mieux renseigné, reviendra sur la résolution prise. Mais il est urgent qu'il se hâte pour ne pas aggraver le mal qu'elle a produit. Chaque mois écoulé dans l'incertitude actuelle est une année de perdue pour la colonie. Les entreprises projetées sont remises, les essais de culture différés, les populations sourdement inquiètes s'éloignent de nous. Qu'un éclatant démenti vienne donc rassurer tout le monde, donner un nouvel essor à notre fondation naissante et permettre d'étudier les proportions définitives qu'il convient de lui assurer.

Saïgon, 19 avril 1864.

Paris. — Imprimerie de Pillet fils aîné, 5, rue des Grands-Augustins.